Ratgeber Aggressives Verhalten

Ratgeber Kinder- und Jugendpsychotherapie
Band 3
Ratgeber Aggressives Verhalten
von Prof. Dr. Franz Petermann, Prof. Dr. Manfred Döpfner
und Prof. Dr. Dr. Martin H. Schmidt

Herausgeber der Reihe:
Prof. Dr. Manfred Döpfner, Prof. Dr. Gerd Lehmkuhl,
Prof. Dr. Franz Petermann

Ratgeber
Aggressives Verhalten

Informationen für Betroffene,
Eltern, Lehrer und Erzieher

von Franz Petermann, Manfred Döpfner
und Martin H. Schmidt

2., aktualisierte Auflage

HOGREFE GÖTTINGEN · BERN · WIEN · PARIS · OXFORD · PRAG
TORONTO · CAMBRIDGE, MA · AMSTERDAM · KOPENHAGEN

Prof. Dr. Franz Petermann, geb. 1953. Lehrstuhlinhaber für Klinische Psychologie und Psychologische Diagnostik an der Universität Bremen und Direktor des Zentrums für Klinische Psychologie und Rehabilitation der Universität Bremen.

Prof. Dr. Manfred Döpfner, geb. 1955. Seit 1989 Leitender Psychologe an der Klinik und Poliklinik für Psychiatrie und Psychotherapie des Kindes- und Jugendalters der Universität zu Köln und dort seit 1999 Professor für Psychotherapie in der Kinder- und Jugendpsychiatrie. Leiter des Ausbildungsinstituts für Kinder- und Jugendlichenpsychotherapie an der Universität Köln (AKiP Köln).

Prof. Dr. Dr. Martin H. Schmidt, geb. 1937. Von 1975–2006 Lehrstuhlinhaber für Kinder- und Jugendpsychiatrie an der Fakultät für Klinische Medizin Mannheim der Universität Heidelberg, Zentralinstitut für Seelische Gesundheit, Mannheim.

Wichtiger Hinweis: Der Verlag hat für die Wiedergabe aller in diesem Buch enthaltenen Informationen (Programme, Verfahren, Mengen, Dosierungen, Applikationen etc.) mit Autoren bzw. Herausgebern große Mühe darauf verwandt, diese Angaben genau entsprechend dem Wissensstand bei Fertigstellung des Werkes abzudrucken. Trotz sorgfältiger Manuskriptherstellung und Korrektur des Satzes können Fehler nicht ganz ausgeschlossen werden. Autoren bzw. Herausgeber und Verlag übernehmen infolgedessen keine Verantwortung und keine daraus folgende oder sonstige Haftung, die auf irgendeine Art aus der Benutzung der in dem Werk enthaltenen Informationen oder Teilen davon entsteht. Geschützte Warennamen (Warenzeichen) werden nicht besonders kenntlich gemacht. Aus dem Fehlen eines solchen Hinweises kann also nicht geschlossen werden, dass es sich um einen freien Warennamen handele.

Bibliografische Information der Deutschen Nationalbibliothek

Die Deutsche Nationalbibliothek verzeichnet diese Publikation in der Deutschen Nationalbibliografie; detaillierte bibliografische Daten sind im Internet über http://dnb.d-nb.de abrufbar.

© 2001und 2008 Hogrefe Verlag GmbH & Co. KG
Göttingen • Bern • Wien • Paris • Oxford • Prag
Toronto • Cambridge, MA • Amsterdam • Kopenhagen
Rohnsweg 25, 37085 Göttingen

http://www.hogrefe.de
Aktuelle Informationen • Weitere Titel zum Thema • Ergänzende Materialien

Das Werk einschließlich aller seiner Teile ist urheberrechtlich geschützt. Jede Verwertung außerhalb der engen Grenzen des Urheberrechtsgesetzes ist ohne Zustimmung des Verlages unzulässig und strafbar. Das gilt insbesondere für Vervielfältigungen, Übersetzungen, Mikroverfilmungen und die Einspeicherung und Verarbeitung in elektronischen Systemen.

Umschlagabbildungen: © Getty Images, München
Illustrationen: Klaus Gehrmann, Boppard; www.elkenwelt.de
Satz: Beate Hautsch, Göttingen
Gesamtherstellung: AZ Druck und Datentechnik, Kempten
Printed in Germany
Auf säurefreiem Papier gedruckt

ISBN 978-3-8017-2187-9

Zielsetzung des Ratgebers

Diese Informationsschrift gibt eine knappe Übersicht über die Erscheinungsformen, die Ursachen, den Verlauf und die Behandlungsmöglichkeiten aggressiven Verhaltens. Wir möchten damit Eltern, Erziehern und Lehrern eine erste Orientierung geben, wenn sie mit dieser sehr häufigen Problematik im Beruf oder in der Familie konfrontiert werden. Für diese Lesergruppe enthält der Ratgeber Hinweise über die Ursachen aggressiven Verhaltens und wie man in der Familie, in der Schule oder im Kindergarten mit dieser Problematik besser klarkommen kann.

Dieser Ratgeber ist Bestandteil der Reihe Leitfaden Kinder- und Jugendlichenpsychotherapie und soll den entsprechenden Band unserer Autorengruppe (Petermann, Döpfner & Schmidt, 2001)[1] ergänzen. Unser Ratgeber kann leider nur wenige Hinweise geben. Umfassendere Informationen und Ratschläge für Eltern, Lehrer und Erzieher können dem Buch *Wackelpeter und Trotzkopf, Hilfen bei hyperkinetischem und oppositionellem Verhalten* (Döpfner, Schürmann & Lehmkuhl, 2006) entnommen werden.

Vielfach werden Betroffene bei einer so stabilen Problematik, wie sie das aggressive Verhalten häufig bildet, nicht ohne professionelle Hilfe auskommen. Für Psychotherapeuten (mit Schwerpunkt Verhaltenstherapie) stehen umfassende Therapiemanuale zur Verfügung (z.B. Petermann & Petermann (2008): Training mit aggressiven Kindern; Petermann & Petermann (2007): Training mit Jugendlichen; Döpfner, Schürmann & Frölich (2007): Therapieprogramm für Kinder mit hyperkinetischem und oppositionellem Problemverhalten (THOP)).

Bremen, Köln und Mannheim, im März 2008

Franz Petermann, Manfred Döpfner und Martin H. Schmidt

---

[1] Petermann, F., Döpfner, M. & Schmidt, M.H. (2007). *Aggressiv-dissoziale Störungen*. Leitfaden Kinder- und Jugendpsychotherapie, Band 3 (2., korr. Aufl.). Göttingen: Hogrefe.

Inhalt

1 Kennen Sie das?... 9
2 Woran erkenne ich Kinder und Jugendliche mit aggressivem, oppositionellem oder dissozialem Verhalten?... 10
3 Wann kann man von einem aggressiven Verhalten sprechen?... 11
4 Welche weiteren Probleme treten häufig noch auf?... 12
5 Wie verläuft die weitere Entwicklung?... 14
6 Was sind die Ursachen?... 15
7 Gibt es bei Jugendlichen spezielle Probleme?... 19
8 In welchen Teufelskreis geraten Eltern und andere Bezugspersonen häufig?... 20
9 Was kann man tun?... 23
10 Was können Eltern und Lehrer tun?... 23
11 Falsche und richtige Zuwendung... 26
12 Fünf hilfreiche Prinzipien für Eltern und Bezugspersonen... 31
13 Was können Kinder und Jugendliche tun?... 32
14 Was können Psychotherapeuten tun?... 36
15 Gibt es noch weitere Hilfen?... 37

Literaturhinweise... 38

Anhang
Liste für aggressives und dissoziales Verhalten... 39

1 Kennen Sie das?

Mit dem neunjährigen Oliver gibt es ständig Ärger, vor allem in der Schule. Kein Tag vergeht, ohne dass die Eltern mit Beschwerden von der Schule, den Nachbarn und Gleichaltrigen konfrontiert werden. Einmal hat Oliver seine Klassenlehrerin beschimpft und ein anderes Mal einem Mitschüler die Nase blutig geschlagen. Stellt die Mutter Anforderungen an Oliver, dann erntet sie wüste Beschimpfungen, die damit enden, dass Oliver wütend die Wohnung verlässt und erst spät (zu spät) nach Hause kommt. Stellt ihn der Vater dann am Abend zur Rede, so antwortet Oliver nicht. Strafen nimmt er wortlos hin – seine Wut lässt er dann an jüngeren Kindern aus. Es ist klar, dass Oliver bei seinen Kameraden nicht beliebt ist – er macht anderen Angst und gilt als Störenfried.

Die 12-jährige Melanie läuft oft abends von zu Hause weg und kommt erst am nächsten Tag wieder. Manchmal wird sie auch nachts am Hauptbahnhof von der Polizei aufgegriffen und nach Hause gebracht. Schon seit drei Jahren kommt es immer wieder vor, dass Melanie auch teure Gegenstände im Kaufhaus stiehlt. Obwohl sie schon mehrmals von den Kaufhausdetektiven der Polizei „gemeldet" wurde, kommt Melanie immer mit einem blauen Auge davon, da sie noch nicht strafmündig ist. Im Stillen freut sich Melanie, dass sie ihren Eltern soviel Ärger macht, da sie sich von ihnen abgelehnt und schlecht behandelt glaubt. Melanie ist es auch völlig egal, wie es mit ihr in der Zukunft weiter geht; man hat ihr schon oft angedroht, dass sie in ein Erziehungsheim kommt – das lässt sie völlig kalt, an eine schöne Zukunft glaubt sie ohnehin nicht mehr!

Solche aggressiven Verhaltensweisen machen uns betroffen, sie erfordern eine Reaktion und verpflichten uns als Eltern, Lehrer und Erzieher, dem „aus der Bahn-Geratenen" zu helfen und Sicherheit und Orientierung zu geben. Um diese schwierige Aufgabe erfolgreich bewältigen zu können, benötigt man Hinweise und Strategien, die wir Ihnen im weiteren geben wollen. Packt man den Umgang mit aggressiven Kindern falsch an, dann

führt aggressives Verhalten schnell zur Eskalation, die man nicht mehr „friedvoll" beeinflussen kann. Kinder und Jugendliche lernen sehr schnell, dass sie durch Aggressionen Erwachsene und Gleichaltrige steuern können. Sie merken, wie schutzlos die Interaktionspartner einer Aggression ausgeliefert sind und kosten manchmal auch die eigene Macht sowie die erzeugte Ohnmacht aus.

2 Woran erkenne ich Kinder und Jugendliche mit aggressivem, oppositionellem oder dissozialem Verhalten?

Wir verwenden im Folgenden den Ausdruck „aggressives Verhalten" als Sammelbegriff für aggressives, oppositionelles und aggressiv-dissoziales Verhalten. Hierunter versteht man ein auffälliges Verhalten mit einer Schädigungsabsicht. Die Schädigung kann offen und erkennbar erfolgen, aber auch verdeckt („hinterhältig"); sie kann auf eine Person bezogen sein oder sich gegen Gegenstände richten.

Unter „oppositionellem Verhalten" (Trotzverhalten) versteht man eine generelle Verweigerungshaltung, die sich in verbalen Äußerungen und Verhaltensweisen gegenüber Erwachsenen zeigt; vielfach wird dieses Verhalten als aufsässig und provokant oder gar feindselig empfunden. Solche Kinder und Jugendlichen werden schnell ärgerlich und wütend, sie reagieren boshaft, aber auch empfindlich, sind schnell beleidigt und nachtragend. Ein Kind oder Jugendlicher mit oppositionellem Verhalten streitet sich häufig mit Erwachsenen, aber auch anderen Kindern, ärgert andere absichtlich, hält sich nicht an Regeln und Anweisungen; diese Kinder sind zudem nicht in der Lage, eigenes Fehlverhalten zu erkennen.

- *Aggressives Verhalten* im engeren Sinne äußert sich gegenüber Menschen und Tieren. Durch dieses Verhalten werden die Rechte des anderen grundlegend verletzt sowie altersentsprechende Regeln und Normen nicht eingehalten. Konkret äußert sich aggressives Verhalten im engeren Sinne darin, dass ein Kind oder Jugendlicher andere häufig bedroht, einschüchtert, schlägt oder Gegenstände als Waffen einsetzt; es/er kann zu anderen Menschen körperlich grausam sein, sie zu sexuellen Handlungen zwingen oder auch Tiere quälen.

- *Aggressiv-dissoziales Verhalten* tritt meist erst im Jugendalter auf und umfasst das Zerstören von Eigentum anderer, wie zum Beispiel durch Brandstiftung, durch Beschmutzen oder Kaputtmachen; weiterhin bezieht sich dieses Verhalten auf Betrug oder Diebstahl; damit ist beispielsweise Einbruch in fremde Wohnungen, Aufbrechen von Autos, Ladendiebstahl oder Lügen, um Vorteile zu erzielen, gemeint. Schließlich zählt zu aggressiv-dissozialem Verhalten Streunen, und zwar nachts nicht nach Hause kommen oder häufig die Schule schwänzen.

3 Wann kann man von einem aggressiven Verhalten sprechen?

Alle Kinder und Jugendlichen verhalten sich gelegentlich aggressiv, befolgen Anweisungen nicht und halten Regeln nicht ein. Ein ausgeprägt oppositionelles, aggressives oder dissoziales Verhalten verursacht jedoch erhebliche Beeinträchtigungen und hat negative Folgen in familiären, sozialen, schulischen und beruflichen Lebensbereichen. Die oben genannten Verhaltensweisen sollten besonders dann beachtet werden und zu therapeutischen Maßnahmen führen, wenn diese über mehrere Monate regelmäßig, häufig und stark ausgeprägt zu beobachten sind, wenn sie nicht nur gegenüber einer Person auftreten und wenn sie nicht nur in einem, sondern in mehreren Lebensbereichen (in der Familie, der Schule, bei Gleichaltrigen usw.) registriert werden können.

In den meisten Fällen leiden Eltern oder Lehrer aber auch Geschwister oder andere Kinder und Jugendliche unter dem aggressiven oder dissozialen Verhalten. Bei dem Kind oder dem Jugendlichen, das aggressives oder dissoziales Verhalten zeigt, ist oft kein Leidensdruck erkennbar, obwohl sich viele dieser Kinder und Jugendlichen in ihrer Lage nicht wohl fühlen. Meist haben sie zwar kurzfristig mit ihrem Verhalten einen gewissen Erfolg, langfristig haben sie jedoch viele Nachteile, die sie spätestens im jungen Erwachsenenalter als solche erkennen.

Die im Anhang zu diesem Ratgeber abgedruckte Verhaltensliste soll dabei helfen, das Ausmaß aggressiven und aggressiv-dissozialen Verhaltens einschätzen zu können. Die in der Liste aufgeführten Kriterien entsprechen von „1" bis „11" den Merkmalen des oppositionellen Verhaltens, die übrigen aggressiv-oppositionellem Verhalten. Wenn Sie sich mit der Liste eine erste Orientierung verschaffen möchten, sollten Sie aus Ihren Beobachtungen noch keine Diagnose ableiten, sondern dies der eingehenden Untersuchung durch einen Kinder- und Jugendpsychiater oder Klinischen Kinderpsychologen überlassen. Da meist eine Störung in mehreren Lebensbereichen vorliegt, müssen Spezialisten in der Regel auch Lehrer oder Erzieher befragen.

4 Welche weiteren Probleme treten häufig noch auf?

Aggressives Verhalten tritt selten isoliert auf; folgende Probleme kann man besonders häufig als *zusätzliche Beeinträchtigung* beobachten:

- *Hyperkaktives Verhalten.* Viele Kinder und Jugendliche mit aggressivem oder aggressiv-dissozialem Verhalten sind zusätzlich sehr unruhig und impulsiv und es fällt ihnen schwer, sich über längere Zeit zu konzentrieren. Diese Problematik liegt in gut der Hälfte der Fälle der jüngeren aggressiven Kinder vor. Meistens tritt das hyperaktive Verhalten zuerst auf, im Kindergarten- oder Vorschulalter. Dann wird das oppositionell-aggressive Verhalten bemerkbar. Manchmal entwickelt sich daraus im beginnenden Jugendalter ein aggressiv-dissoziales Verhalten.

- *Schulprobleme.* Viele Kinder mit oppositionellem und aggressivem Verhalten haben schon im Kindergarten in manchen Bereichen auch

Entwicklungsrückstände, zum Beispiel in der Sprache oder auch beim Malen. In vielen Fällen kann man dann in der Eingangsphase der Grundschule oppositionelles Trotzverhalten beobachten. Dieses Verhalten trägt dazu bei, dass der Unterricht erheblich gestört wird und die Konzentration auf Lerninhalte reduziert ist. Da störende Schüler häufig von ihren Mitschülern und manchmal auch von Lehrern abgelehnt oder kritisch bewertet werden, beginnt ein Teufelskreis von Lern- und Verhaltensproblemen, der sich negativ auf die Schullaufbahn des Kindes auswirkt. Manchmal stehen aber auch Entwicklungsrückstände und Lernschwierigkeiten am Anfang der Entwicklung und die Kinder reagieren aggressiv, weil sie bestimmte Anforderungen nicht bewältigen können.

- *Ablehnung durch Gleichaltrige.* Aggressive Kinder und Jugendliche berichten zwar, dass sie viele Freunde haben und sozial integriert sind. Befragt man jedoch ihre Kameraden, dann wird deutlich, dass aggressive Kinder und Jugendliche von unauffälligen Kindern abgelehnt werden. Sie gelten als Störenfriede (z. B. in Spiel- oder Unterrichtssituationen). Viele dieser Kinder sind ständig bestrebt, über andere zu bestimmen, was ebenfalls bewirkt, dass sie von Gleichaltrigen abgelehnt werden.

- *Selbstwertprobleme und Depressivität.* Obwohl aggressive Kinder auf den ersten Blick so stark wirken, leiden doch viele von ihnen an einem mangelnden Selbstvertrauen und Selbstwertgefühl und können vor allem im Jugendalter eine ausgeprägte Depressivität entwickeln. Sie verhalten sich dann häufig eher apathisch, haben keinen Spaß an vielen Dingen und sehen die Zukunft eher düster. Diese Entwicklung kann die Folge von aggressivem Verhalten und den damit verbundenen vielfältigen Misserfolgen und Zurückweisungen in der Familie, der Schule und in der Gleichaltrigengruppe sein. Das kombinierte Auftreten von Aggression und Depression kann man bei bis zu 20% aller Kinder und Jugendlichen beobachten, wobei vor allem die Schuldefizite besonders negativ die Selbstachtung beeinflussen.

- *Eltern-Kind-Konflikte.* Aufgrund des aggressiven Verhaltens treten Eltern-Kind-Konflikte besonders häufig auf; vielfach wird dadurch aggressives Verhalten verstärkt und langfristig verfestigt. So können Konflikte mit den Eltern dazu beitragen, dass Kinder mehr Zeit mit dissozialen Gleichaltrigen verbringen, wodurch ein neuer Teufelskreis gebahnt ist. Desweiteren können starke Eltern-Kind-Konflikte den Selbstwert der Kinder beeinträchtigen, wenn diese Konflikte von den

Kindern als Zurückweisung und fehlende Akzeptanz der Eltern erlebt werden. Massive Eltern-Kind-Konflikte wirken sich jedoch nur dann negativ auf die Entwicklung des Sozialverhaltens eines Kindes aus, wenn keine positiven gemeinsamen Familienaktivitäten vorliegen.

- *Belastete Beziehungen zu anderen Bezugspersonen.* Die eben dargestellten Aussagen zu möglichen Auswirkungen von Eltern-Kind-Konflikten besitzen auch für die übrigen Bezugspersonen Gültigkeit. Dies trifft auf den Kindergarten und die Schule in gleicher Weise zu.

5 Wie verläuft die weitere Entwicklung?

Einige aggressive Kinder zeigen häufig bereits im ersten Lebensjahr ein schwieriges Temperament; das heißt sie weisen Ein- und Durchschlafprobleme und/oder Verdauungsprobleme auf, häufig waren sie auch Schreibabies. Prinzipiell muss man anmerken, dass frühe Auffälligkeiten zu einem ungünstigen Verlauf beitragen. Allerdings kann man durch ein angemessenes Elternverhalten die Kinder gezielt fördern, sodass schon früh einer ungünstigen Entwicklung gegengesteuert werden kann. So sind die möglichen Risiken, die Schreibabies aufweisen, noch kein Hinweis, dass solche Kinder zwangsläufig, aggressive Auffälligkeiten zeigen. Klinische Kinderpsychologen und Kinderpsychiater haben in den letzten Jahren eine Vielzahl von Studien durchgeführt, mit denen man die Entwicklung aggressiver Kinder beschreiben kann. Folgende Entwicklungsschritte lassen sich unterscheiden:

- Im *Kindergartenalter* fallen diese Kinder durch extreme Wutanfälle auf; sie beachten vereinbarte Grenzsetzungen, Regeln und Anweisungen nicht. Die Eltern sind häufig sehr stark durch das Problemverhalten ihres Kindes belastet, was von den Eltern ein hohes Ausmaß an Geduld abverlangt. Meist treten diese Verhaltensprobleme zuerst in der Familie auf und später auch im Kindergarten oder anderen Situationen. Bei manchen Kindern vermindern sich die oppositionellen und aggressiven Verhaltensprobleme noch im Verlaufe des Kindergartenalters.

- Bei anderen Kindern nehmen die Verhaltensprobleme durch die *Einschulung* und die damit verbundenen Belastungen deutlich zu. Das aggressive Verhalten differenziert sich stärker aus, das heißt in immer mehr Bereichen (Freunde, Familie, Schule) treten Probleme zu Tage. Vielfach schöpfen die Kinder aus dem negativen Verhalten (z.B. Erpressungsstrategien) kurzfristige Bestätigung und freuen sich zum Beispiel daran, über andere Macht auszuüben. Die oft schnell einsetzenden schulischen Leistungsprobleme verstärken die Verhaltensproblematik.

- Bei manchen Kindern verstärkt sich im *Jugendalter* das aggressiv-dissoziale Verhalten, hauptsächlich in Form von Schuleschwänzen, ausgeprägtem Lügen und Stehlen. Bei vielen Kindern, die über Jahre die Schule als negativ erlebt haben, tritt eine extreme Abneigung gegen alles auf, was mit schulischer Leistung zu tun hat.

- Im *jungen Erwachsenenalter* (mit etwa 21 Jahren) bilden sich bei ungefähr 80 % aller Betroffenen die aggressiv-dissozialen Verhaltensweisen zurück. Diese Gruppe setzt sich vor allem aus den Betroffenen zusammen, die im späten Kindes- und Jugendalter – quasi vorübergehend – aggressives Verhalten entwickelt haben. Solche Kinder haben nämlich bis zu dem Zeitpunkt, zu dem sie aggressives Verhalten zeigen, über viele Jahre positives Verhalten herausgebildet, auf das sie dann erfolgreich im jungen Erwachsenenalter zurückgreifen können. Der unmittelbare Grund, auf das „alte", positive Verhalten zurückzukommen, erfolgt in der Regel durch die soziale Einbindung der Betroffenen. Das junge Erwachsenenalter hält nämlich neue, wichtige Aufgaben bereit; zum Beispiel Aufbau und Pflege einer Partnerschaft, berufliche Ausbildung und Tätigkeit. Durch solche neuen Aufgaben und „sozialen Anreize" normalisiert sich offensichtlich das Sozialverhalten auf „natürliche Weise". Die restlichen 20 % der Betroffenen zeigen besonders stabiles und schwer änderbares aggressiv-dissoziales Verhalten.

6 Was sind die Ursachen?

Die Ursachen aggressiven Verhaltens liegen sowohl im Erziehungsverhalten der Eltern und/oder anderer wichtiger Bezugspersonen als auch in den sich über Jahre herausgebildeten Defiziten des Kindes. Aber auch grundlegende Temperamentsmerkmale, mit denen Kinder schon geboren werden, scheinen bei manchen Kindern eine wichtige Rolle zu spielen. Die Tatsache, dass viele Kinder mit einer Aufmerksamkeitsdefizit-Hyperaktivitätsstörung (ADHS) später auch aggressives und aggressiv-dissoziales Verhalten entwickeln, weist darauf hin, dass auch biologische Merkmale eine Rolle spielen können. Man weiß nämlich mittlerweile, dass die Aufmerksamkeitsdefizit-Hyperaktivitätsstörung (ADHS) vor allem durch erbliche Faktoren bedingt ist. Insgesamt spielen jedoch die Umwelteinflüsse bei der Entwicklung von aggressivem Verhalten die wichtigste Rolle.

Wir wollen zunächst das *Erziehungsverhalten* durchleuchten. *Zu viele Ge- und Verbote* können Aggressionen bei Kindern und Jugendlichen fördern. So erhöhen zu viele, vor allem unbegründete Einschränkungen oder widersprüchliche Anweisungen aggressives Verhalten. Der damit verbundene massive Druck der Eltern auf aggressives Verhalten ihres Kindes senkt die Kooperationsbereitschaft des Kindes, steigert die Verhaltensproblematik und verfestigt ungünstiges Interaktionsverhalten zwischen Eltern und Kind. Die Eltern geben hierbei ein Modell für ungute „Erpresserspiele" in Familien ab (s. u.).

Aber auch *zu wenige Ge- und Verbote* können aggressives Verhalten verursachen oder begünstigen. In solchen Fällen erhält das Kind im Erziehungsprozess keine hinreichende soziale Orientierung; in der Folge davon wird aggressives Verhalten zum Ausloten der Grenzen in der Erziehung eingesetzt. Vielfach nimmt in den letzten Jahren aggressives Verhalten deshalb zu, weil Eltern und andere Erziehungspersonen sich schwer tun, begründbare Anforderungen auszusprechen und konsequent abzuverlangen oder sinnvoll Grenzen zu setzen.

Oft erfahren aggressive Kinder und Jugendliche zudem nur *negative Rückmeldungen* (Strafe, Nörgeln, mangelnde Beachtung) von ihren Bezugspersonen. Auffallend ist in solchen Familien, dass
- sich die Eltern gegenüber ihrem Kind ablehnend verhalten,
- sie unrealistische Erwartungen und Vorstellungen an ihr Kind stellen, die aus einer verzerrten Bewertung der Entwicklungs- und Leistungsmöglichkeiten des Kindes resultieren und
- sie emotional labil und schnell erregbar sind, insbesondere bei Anlässen, in denen konsequentes Verhalten gegenüber ihrem Kind erforderlich ist; dies erzeugt ein inkonsequentes, willkürliches Verhalten dem Kind gegenüber.

Selbstverständlich können Kinder auch aus einem „Konsumüberangebot", also aufgrund einer inkonsequenten, verwöhnenden Erziehung, aggressives Verhalten entwickeln. So tritt in vielen Familien mit aggressiven Kindern eine geringe Wertschätzung gegenüber Personen und Gegenständen auf. Eltern klagen in diesen Fällen oft darüber, dass es ihren Kindern an Wertschätzung für Alltägliches (z.B. Spielsachen, Essen) fehlt. Diese Gegenstände werden „sich einverleibt" oder einfach zerstört. Ursachen für diese geringe Wertschätzung liegen einerseits in einem undifferenzierten, materiellen Konsumüberangebot durch die Eltern und andererseits in einer mangelnden Konsequenz im Erledigen von Aufgaben und Pflichten, im Nicht-Verwehren von Wünschen oder in der fehlenden Beteiligung des Kindes (im Sinne einer Wiedergutmachung), wenn dieses durch aggressives Verhalten einen Schaden angerichtet hat. Hieraus resultiert bei Kindern und Jugendlichen die Tendenz, Anstrengungen zu vermeiden. In der Folge davon können auch niedrige Anforderungen nicht mehr erfolgreich bewältigt werden. Die sich einstellenden Misserfolge können die Frustrationsschwelle zusätzlich herabsetzen und aggressives Verhalten schneller auslösen. Verändert man in dieser Phase das Erziehungsverhalten, indem man die Anforderungen an das Kind schrittweise erhöht und ihm konsequent Pflichten und Aufgaben abverlangt, ist es sehr wahrscheinlich, dass das Kind oder der Jugendliche zunächst verstärkt aggressives Verhalten zeigt. Erst nach einer gewissen Zeit – bei entsprechender Erziehungskonsequenz – entwickelt sich positives Sozialverhalten.

Selbstverständlich bilden sich bei aggressiven Kindern verschiedene Eigenheiten heraus, mit denen sie ihr aggressives Verhalten selbst verstärken und sich positive Entwicklungen „verbauen". Diese *Selbstverstärkung* aggressiven Verhaltens ergibt sich aus einem einfachen Prinzip: Kinder und Jugendliche dominieren mit aggressivem Verhalten andere im Sozialkontakt, sie setzen ihre Interessen durch und haben „Erfolg auf ganzer Linie". Der „Erfolg" wird besonders intensiv erlebt, wenn andere sich ängstlich anpassen und sich der „Macht" beugen.

Generell ist die Gestaltung des Sozialkontaktes bei aggressiven Kindern auffällig. So weisen viele aggressive Kinder eine einseitige Wahrnehmung im Kontakt zu anderen auf: Viele nicht aggressive Verhaltensweisen, wie schnelle, ruckartige Bewegungen, ein zu langes Angeschautwerden und ähnliches, werden von den Kindern als Angriff interpretiert. Solche *Wahrnehmungsverzerrungen* sind typische Mängel, die dazu führen, dass aggressives Verhalten zu schnell ausgelöst wird. Man hat oft den Eindruck, dass diese Kinder sich in einer erhöhten *Alarmbereitschaft* befinden und aus dieser heraus ständig auf Angriffe ihrer Umwelt warten. Diese erhöhte Alarmbereitschaft hat ihre Ursache darin, dass aggressive Kinder offensichtlich nicht gelernt haben, ihr Gegenüber in einer gegebenen Situation richtig wahrzunehmen. So erkennen diese Kinder nicht, was der Interaktionspartner eigentlich beabsichtigt und unterstellen ihm zu häufig eine feindselige Absicht. Sie interpretieren eine Situation zu häufig als bedrohlich oder aggressiv und reagieren darauf vorbeugend mit „Verteidigung".

Aggressiven Kindern fällt es schwer, sich ohne Aggression gegenüber anderen zu behaupten. Diese Kinder können sich nicht kompromissbereit und kooperativ mit anderen auseinandersetzen, da ein solches positives Sozialverhalten kaum gefördert und eingeübt wurde. Ganz schwerwiegende Folgen ergeben sich daraus, wenn aggressive Kinder ihr Bedürfnis nach zwischenmenschlicher Zuwendung durch aggressives Verhalten abdecken. Sie finden oder erkennen keinen anderen Weg, Kontakte zu schließen und aufrechtzuerhalten. Ihnen fehlt also die Erfahrung, über kooperatives Spiel, Hilfestellung und Ähnliches Freunde zu gewinnen.

Für aggressive Kinder ist es typisch, dass sie keine Misserfolge „verkraften können". Diese mangelnde Fähigkeit der Selbstkontrolle ergibt sich aus der Tatsache, dass diese Kinder ihre Handlungen nicht verzögern können. Ihnen gelingt es nicht, zum Beispiel über beruhigende Worte („Ich bleibe ruhig und zähle bis zehn!"), über ihr Verhalten nachzudenken und positiv zu beeinflussen. Offensichtlich besitzen aggressive Kinder eine geringe Fähigkeit, *aggressive Impulse zu steuern* oder *frühzeitig umzulenken* (z. B. mit dem anderen reden und nach Gründen für einen Umstand fragen). Man beobachtet bei aggressiven Kindern, wie erschrocken diese sind, wenn man ihnen die Lage dessen vor Augen führt, der Opfer ihrer Aggression wurde. Dieser Umstand spricht dafür, dass aggressive Kinder sich nicht in die Lage des Gegenübers versetzen können, also kein Einfühlungsvermögen in die Notlage des anderen besitzen. Positives Einfühlungsvermögen („Mitleidsfähigkeit") kann aggressives Verhalten verhindern. So spricht vieles dafür, daß positives Einfühlungsvermögen eine wichtige Vorbedingung dafür bildet, massive Formen der Aggression zu verhindern.

7 Gibt es bei Jugendlichen spezielle Probleme?

Bei Jugendlichen liegen darüber hinaus einige spezifische Bedingungen und Probleme vor, die aggressiv-dissoziales Verhalten kennzeichnen. Vier Aspekte sollen vertieft werden:

- *Aggressionsauslösende Hinweise.* Solche Hinweise können mehr oder weniger versteckt vorliegen. Oft erleichtern Vorurteile lockere Slogans (z. B. in der Werbung) oder anfeuernde Rufe (z.B. im Fußballstadion) aggressives Verhalten. Darüber hinaus können Symbole, Abzeichen, Waffen, aber auch Videospiele Aggression begünstigen. Häufig werden Außenseiter oder abgelehnte Minderheiten, auch wenn keine Gründe für eine negative Haltung existieren, als Hinweis für die Rechtfertigung von Aggression interpretiert.

- *Aggressive Vorbilder.* Es kann sich sowohl um Bezugspersonen im Alltag handeln, die als besonders nachahmenswert erscheinen, als auch um Leitfiguren aus Massenmedien. Sehr nachhaltig wirken dabei Einflüsse in der Gruppe der Gleichaltrigen. Der Einfluss der Gleichaltrigen ist bereits zu Beginn des Jugendalters (ab 11 Jahre) sehr viel stärker als die Vorbildwirkung der Eltern. Schon früh erleben in ihrer Entwicklung gefährdete Kinder und Jugendliche in einer Gruppe mit abweichendem Verhalten eine „Heimat", das heißt sie erleben in der Gruppe einen hohen inneren Zusammenhalt, entwickeln gemeinsame soziale Normen und Ziele; zudem können einzelne Gruppenmitglieder Einfluss ausüben! Dieser hängt von ihrem Status in der Gruppe und/oder der Attraktivität der von ihnen ausgeführten Handlungsweisen ab. In vielen Fällen orientieren sich Jugendliche an Gleichaltrigen, wenn diese sich klar von den Normen und Ansprüchen anderer sozialer Gruppen (Lehrer, Ausbilder, Eltern etc.) unterscheiden.

- *Anonymität.* Glaubt ein Jugendlicher, dass er nicht für die Folgen seines Handelns verantwortlich gemacht werden kann, da seine Urheberschaft im Dunkeln bleibt, tritt häufiger Aggression auf. Die Vermutung, unerkannt zu bleiben, hängt von sozialen Bedingungen ab. Sind Einrichtungen oder Gebäude (Wohnanlagen, Schulen etc.) schwer für den einzelnen überschaubar, dann wird die soziale Verantwortung reduziert und aggressives Verhalten begünstigt.

Ist es dem Jugendlichen jedoch im Alltag möglich, die Umgebung mitzugestalten, wird dies in der Regel die soziale Verantwortung steigern.

Misslingt es ihm zum Beispiel, persönliche Bezüge am Ausbildungsplatz aufzubauen, wird er kaum in der Lage sein, in diesem Bereich gezielt Verantwortung für andere zu übernehmen.

- *Frustration.* Vor allem durch den Entzug von Aufgaben oder Freiräumen sowie das Erleben von Niederlagen treten Enttäuschungen auf, die viele Jugendliche nicht bewältigen können. Viele dieser Erlebnisse begünstigen aggressives Verhalten und können in der Folge davon auch zu Passivität oder zu einer pessimistischen Zukunftsperspektive führen. Man kann allgemein davon ausgehen, dass der *Verlust von sozialer Anerkennung* in der Gleichaltrigengruppe, in der Familie oder am Ausbildungsplatz Frustrationen bewirken kann. Verliert ein Jugendlicher die Möglichkeit, soziale Anerkennung in positiver Weise zu erzielen, kann sich dies in einer äußerst ungünstigen Einstellung niederschlagen, zum Beispiel „Ich habe ja sowieso nichts mehr zu verlieren!" Diese Einstellung begünstigt entscheidend aggressiv-dissoziales Verhalten.

8 In welchen Teufelskreis geraten Eltern und andere Bezugspersonen häufig?

Zu direkten Erziehungseinflüssen gehören auch sogenannte Erpresserspiele in Familien. Hierunter versteht man ungünstige Interaktionen zwischen Eltern und Kind, die als Teufelskreis beschrieben werden können. Ein solcher Teufelskreis führt – meist unbeabsichtigt – zu immer massiveren Formen der wechselseitigen Provokation und erpresserischem Verhalten zwischen Kind und Erwachsenen. Treten solche Teufelskreise gehäuft in familiären Interaktionen auf, dann ist es auch sehr wahrscheinlich, dass diese mit anderen Bezugspersonen des Kindes im Kindergarten oder in der Schule beobachtbar sind.

Diese Teufelskreise wurden von einem der bekanntesten amerikanischen Klinischen Kinderpsychologen, Prof. Gerald Patterson aus Oregon (USA), untersucht. Die Arbeitsgruppe von Prof. Patterson klärte genauer, auf welchen Wegen aggressives Verhalten in Familien eskaliert. Sehr ungünstige Entwicklungen treten dann auf, wenn es den Kindern gelingt, ihre Eltern durch Erpressungsversuche zu manipulieren (vgl. Abb. 1). Viele Kinder erlernen ihr negatives Verhalten schon sehr früh im Kontext einer negativen Eltern-Kind-Interaktion.

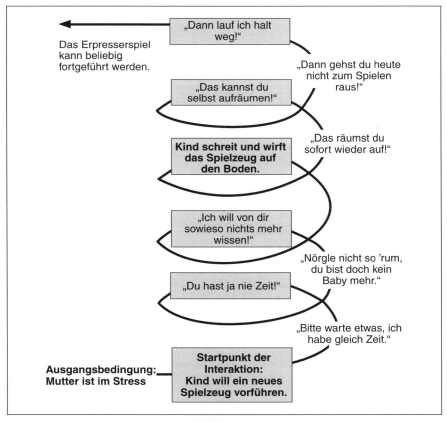

Abbildung 1:
Teufelskreis aggressiven Verhaltens in Familien (aus Petermann & Petermann, 2000, S. 60)

Abbildung 1 illustriert eine ungünstige Mutter-Kind-Interaktion. In diesem Fall wird die gestresste Mutter mit sechs, sich nacheinander entwickelnden Anforderungen des Kindes konfrontiert. Aus dem alltäglichen und berechtigten Wunsch des Kindes, das neue Spielzeug vorzuführen, startet eine Erpresserspirale, die (zunächst) mit der Drohung des Kindes endet „Dann lauf' ich halt weg!".

Die Erpresserspiele verdeutlichen, dass es schon sehr früh zu Interaktionsabläufen und dann kaum mehr regulierbar zu einer „Interaktionsblockade" kommt, die den Blick für positive Problemlösungen völlig verstellt. Spätestens die Äußerung der Mutter (vgl. jeweils die Reaktion im rechten Teil der Abb. 1) „... du bist doch kein Baby mehr" leitet eine massivere, sehr persönliche Konfrontation zwischen Mutter und Kind ein. Es ist naheliegend, dass man im Alltag möglichst frühzeitig eine solche Eskalationsspirale unterbrechen muss. Dies ist besonders schwierig, da die ungünstigen Verhaltensgewohnheiten in der Familie gut „eingeübt" sind und oft die einzige Form des Umgangs mit Konflikten darstellen.

Wir wissen heute sehr genau, in welchen Familien die beschriebenen Teufelskreise besonders häufig auftreten. Diese Familien weisen – zumindest auf die USA bezogen – folgende soziale Merkmale auf:
– Arbeitslosigkeit und Armut,
– berufliche Überforderung,
– Alkohol- oder Drogenmissbrauch,
– Ehekonflikte oder Ehescheidungen und
– psychische Störungen der Eltern oder eines Elternteils (z.B. Depression der Mutter).

Diese schwierigen Lebensumstände bewirken, dass Eltern den Verhaltensproblemen ihrer Kinder nicht mit Ruhe und Gelassenheit sowie Toleranz begegnen, sondern statt dessen schneller mit Verboten und übermäßigen Strafen reagieren. Dies verschärft sich dann noch, wenn Kritik und Streit mit der Nachbarschaft, Druck aus der Schule oder Kontakte mit dem Jugendamt und der Polizei hinzukommen. Die ungünstigen sozialen Einflüsse, wie ärmliche Lebensverhältnisse, wirken sich schon im Säuglingsalter ungünstig aus. So können alltägliche Routinen, wie die Pflege, die Ernährung und der Schlaf-Wach-Rhythmus des Kindes, gestört sein. Die Wahl des kindlichen Schlafplatzes kann vollkommen ungeeignet sein. Die Säuglinge wachsen manchmal in Wohnungen mit zu vielen Personen auf und werden von ihren älteren Geschwistern, Großeltern oder zufällig in der Wohnung anwesenden Personen betreut. Häufig ist die elterliche Aufmerksamkeit und emotionale Zuwendung gegenüber dem Säugling durch die äußere Belastung eingeschränkt.

9 Was kann man tun?

Eine wichtige Grundregel bei der Auswahl von Hilfen für aggressive Kinder und Jugendliche ist, dass die Hilfe da einsetzen soll, wo die Probleme auftreten: beim Kind/Jugendlichen, der Familie, im Kindergarten oder in der Schule. Da es sich beim aggressiven Verhalten um ein äußerst stabiles und schwer änderbares Verhalten handelt, sollte man immer auf mehreren Ebenen eine Änderung herbeiführen. In den weiteren Kapiteln soll zwischen der Arbeit mit Bezugspersonen (Eltern/Erzieherin/Lehrer), dem Kind/Jugendlichen im Sinne der „Selbsthilfe" und der psychotherapeutischen Hilfe unterschieden werden. Desweiteren wird knapp auf die Möglichkeiten der Jugendhilfe, also eine in der Regel umfassende, vor allem sozialpädagogische Betreuung massiv auffälliger Kinder und Jugendlicher, eingegangen. Es wird also folgende Gliederung umgesetzt:
– Was können Eltern und Lehrer tun?
– Was können Kinder und Jugendliche tun?
– Was können Psychotherapeuten tun?
– Welche anderen Hilfen gibt es?

10 Was können Eltern und Lehrer tun?

In diesem Kapitel werden die Möglichkeiten von Eltern und Lehrern kombiniert dargestellt, da viele Hinweise für Eltern sich mit den Empfehlungen für Lehrer überschneiden. Manche Hinweise kann man auch als allgemeine Empfehlung zur Kindererziehung begreifen. Mehr als in der Kindererziehung generell gilt für den Umgang mit aggressiven Kindern, dass Sie
– die positive Beziehung zu Ihrem Kind stärken, die durch Auseinandersetzungen häufig stark belastet ist;
– klare Regeln aufstellen;
– Ihr Kind loben, wenn es etwas gut gemacht hat – vor allem dann, wenn es Regeln einhält und
– sich konsequent verhalten, wenn das Kind Regeln übertritt.

Aggressives Verhalten darf nicht zum Erfolg führen, das heißt ein schreiendes und tobendes Kind darf sein Ziel nicht erreichen, das es möglicherweise damit verfolgt. Ebenso darf ein aggressiver Jugendlicher eine Anforderung, eine sinnvolle Regel und Grenzsetzung nicht umgehen. In solchen Fällen reagieren Sie ruhig und setzen angemessene negative Konsequenzen ein. Unter „negativen Konsequenzen" sind keine unverhältnismäßigen Strafaktionen zu verstehen, sondern eine Handlung, die sich als natürliche Folge des aggressiven Verhaltens (und dem damit verbundenen Schaden) ergibt (vgl. Kasten 1). Hierdurch lernt ein Kind die Konsequenzen seines Handelns kennen und bekommt Verantwortung dafür übertragen. Beschädigt ein Kind beispielsweise etwas oder verletzt es andere, so kann eine *Wiedergutmachung* ein sinnvolle Strafe sein. Verweigert ein Kind die Wiedergutmachung, so kann ihm ein Privileg, also etwas Positives (vgl. Kasten 2) entzogen oder nicht gewährt werden (z. B. fernsehen, ein Computerspiel). Solche Aktionen sollten nicht mit Schimpfen Ihrerseits verbunden sein, sondern in Ruhe, mit großer Eindringlichkeit und Bestimmtheit erfolgen. Wichtig ist jedoch, dass Sie nicht nur mit Bestrafung reagieren, sondern genauso häufig Ihr Kind auch loben und anerkennen, wenn es sich in Situationen, die sonst schwierig sind, anders, nämlich nicht aggressiv verhält.

Kasten 1:
Natürliche Konsequenzen, wenn Aufforderungen und Regeln nicht befolgt werden
(gekürzt nach Döpfner et al., 2006)

1. Unter natürlichen negativen Konsequenzen versteht man:
- *Wiedergutmachung* (z. B. Kind wischt den verschütteten Tee auf).
- *Ausschluss aus der Situation* (z.B. das Kind wird aus dem gemeinsamen Spiel ausgeschlossen, weil es sich nicht an die Spielregeln hält).
    Wichtig: Vom Kind muss der Ausschluss als negativ empfunden werden.
- *Entzug von Privilegien* (z.B. das Kind kann den Freund erst besuchen, wenn die Hausaufgaben gemacht sind).
- *Einengung des Handlungsspielraums* (vor allem bei jüngeren Kindern; z. B. führen Sie Ihr Kind zu den Schuhen, die es aufräumen soll).

2. Natürliche Konsequenzen
sollten sich *direkt aus dem Problemverhalten ergeben, durchführbar sein, sofort und regelmäßig erfolgen.*

3. Durchführung der negativen Konsequenzen.
Hält das Kind sich nicht an die Regel oder Aufforderung, dann gehen Sie wie folgt vor:

- Benennen Sie die Regelverletzung und kündigen Sie die negativen Konsequenzen an.
- Geben Sie Ihrem Kind eine Chance, falls das Problemverhalten noch andauert.
- Geben Sie Ihrem Kind die Möglichkeit, sich zu der Regelverletzung zu äußern.
- Begründen Sie, wenn nötig, noch einmal kurz die Regel.
- Führen Sie die negative Konsequenz durch.

4. Führen Sie keine langen Diskussionen mit Ihrem Kind.
5. Führen Sie die negative Konsequenz möglichst ruhig durch.

Sie können jedoch häufig schon das Auftreten von aggressivem Verhalten verhindern, indem Sie in wirkungsvoller Weise Aufforderungen geben und Grenzen setzen (vgl. Kasten 2).

Kasten 2:
Wie man wirkungsvoll Aufforderungen gibt? (gekürzt aus Döpfner et al., 2006)

1. Stellen Sie nur dann Anforderungen, wenn Sie bereit sind, sie auch durchzusetzen!
Wählen Sie nur wenige Anforderungen aus, die Sie gegenüber Ihrem Kind auch durchsetzen wollen und können. Bei Aufforderungen, die Ihr Kind häufig nicht befolgt, ist es wichtig, dass Sie schon vorher überlegen, was Sie machen, wenn Ihr Kind der Forderung nicht nachkommt.

2. Sorgen Sie dafür, dass Ihr Kind aufmerksam ist, wenn Sie die Aufforderung geben!

3. Äußern Sie die Aufforderung eindeutig und nicht als Bitte!
Verdeutlichen Sie in Ihrer Stimme, dass die Angelegenheit wichtig ist – vermeiden Sie aber einen strafenden und zu strengen Tonfall.

4. Geben Sie immer nur eine Aufforderung!
Handelt es sich um eine umfangreiche Aufgabe, dann zerlegen Sie diese in kleinere Schritte, die Ihr Kind hintereinander erledigen kann. Gehen Sie anfangs von leicht und schnell erfüllbaren Aufforderungen aus.

5. Überprüfen Sie, ob Ihr Kind der Aufforderung nachkommt!
Sollte Ihr Kind der Aufforderung nicht folgen, dann wiederholen Sie diese nochmals eindringlicher.

6. Konzentrieren Sie sich zunächst nur auf wenige Aufforderungen!

Wählen Sie höchstens drei Aufforderungen aus und schreiben Sie diese auf eine Karte, die Sie an einem gut sichtbaren Platz anbringen. Natürlich können Sie nicht erwarten, dass Ihr Kind die Aufforderungen immer befolgt, jedoch werden sich nach kurzer Zeit einige Veränderungen einstellen.

Besonders wichtig ist, dass die Aufforderungen bei Ihrem Kind auch ankommen und Sie sie eindeutig und nicht als Bitte äußern. Machen Sie sich vorher klar, dass nur durch Ihre Konsequenz Ihr Kind es schaffen kann, aus dem Teufelskreis negativen Verhaltens herauszukommen (vgl. Abb. 1). Ihre Klarheit, Eindeutigkeit und Bestimmtheit ist die Voraussetzung dafür, dass Ihr Kind eine neue soziale Orientierung entwickeln kann. Eine solche Konsequenz wird unglücklicherweise von manchen Eltern und Bezugspersonen mit unmenschlicher Härte oder Herzlosigkeit verwechselt.

11 Falsche und richtige Zuwendung

Durch gezielte Zuwendung helfen Sie Ihrem Kind, eine soziale Orientierung zu gewinnen. Häufig verhalten sich Bezugspersonen aggressiver Kinder inkonsequent und loben wenig oder gar nicht. Gerade aggressive Kinder benötigen jedoch ein hohes Maß an positiver Zuwendung (vgl. Kasten 3). Dies kann bedeuten, dass Sie bei einem aggressiven Kind kleine Verhaltensfortschritte (z.B. kooperatives Verhalten, wie das unaufgeforderte Aufräumen der Spielecke) oder andere – bei unauffälligen Kindern selbstverständliche – Dinge durch Lob unterstützen müssen.

Viele Eltern, Erzieherinnen und Lehrer glauben, dass durch Ermahnen, Nörgeln oder Schimpfen ein Problemverhalten verschwindet. Leider tragen negative Formen der Zuwendung (vgl. Kasten 3, unter Punkt 2) dazu bei, dass das Verhalten, das Sie verhindern wollen, besonders stark ausgeprägt wird. Nur keine Zuwendung zeigen, also ein Verhalten völlig ignorieren, hat zur Folge, dass aggressives Verhalten in den Hintergrund rückt. Für viele Eltern ist es jedoch äußerst schwierig, diese Form der neutralen (also nicht von Wut, Ärger oder Verzweiflung gekennzeichneten) Abgewandtheit (= sozialer Ausschluss) zu praktizieren.

Kasten 3:
Arten der Zuwendung (nach Petermann & Petermann, 2008)

Durch Zuwendung verstärken wir oft das Verhalten eines anderen. Verstärken bedeutet dabei, dass man aus einem kleinen, nebensächlichen Verhalten durch Beachtung ein deutliches und im Vordergrund stehendes Verhalten macht. Zuwendung erfolgt in unterschiedlicher Weise:

1. Positive Zuwendung
Durch Anblicken, Kopfnicken, Lächeln, Zuhören, Streicheln, In-den-Arm-nehmen, Fragen-stellen, Loben, Belohnung-ankündigen u.a. *Mit all' dem trägt man dazu bei, dass das vorausgehende Verhalten verstärkt, das heißt besonders hervorgehoben und gefördert wird!*

2. Negative Zuwendung
Durch mehrmaliges Auffordern, Ermahnen, Tadeln, Nörgeln, Schimpfen, Belehren, Vergleichen, Schreien, Drohen, Vorwürfe-machen, mit „Scharfer-Stimme-reden", streng Anblicken u.a. *Damit tragen wir dazu bei, dass das Verhalten, das wir verhindern wollen, stärker ausgeprägt wird!*

3. Keine Zuwendung
Durch Vermeiden von Blickkontakt, körperlicher Distanz, Sich-abwenden, Aus-dem-Zimmer-gehen, Keine-Antwort-geben, Keine-Miene-verziehen, Kein-Wort-sagen u.a. *Ohne Zuwendung rückt ein Verhalten in den Hintergrund und verschwindet!*

Vermutlich handelt es sich bei der *stillschweigenden Zustimmung* (Duldung) um die folgenschwerste Verstärkung aggressiven Verhaltens. Duldung äußert sich darin, dass Eltern oder Lehrer dem aggressiven Verhalten tatenlos zuschauen. So wartet der Klassenlehrer auf die erlösende Pausenglocke, um die als hochgradig anstrengend erlebte Klasse endlich loszuwerden. Der Vater duldet die körperliche Aggression seines Sohnes, da er als Junge auch ein Raufbold war, oder er freut sich sogar verdeckt über den negativen Aktivitätsdrang seines Juniors. Die Gründe für duldendes Verhalten sind sehr unterschiedlich: Manche Bezugspersonen fühlen sich überlastet, andere ohnmächtig oder verhalten sich uninteressiert und verantwortungslos. Die beschriebene stillschweigende Zustimmung unterscheidet sich somit deutlich vom Nichtbeachten der Aggression; Nichtbeachten bewirkt nämlich, dass sich aggressives Verhalten verringert.

Im Unterricht mit aggressiven Schülern sollten zwei Aspekte besonders beachtet werden:
– Klare Regeln und Grenzen setzen, die die Erwartungen bei den Schülern, aber auch den Unterrichtsverlauf strukturieren.
– Im Unterricht sollten gezielt positive und negative Rückmeldungen gegeben werden. Besonders sind solche Fälle hervorzuheben, in denen sich der Schüler an abgesprochene Regeln hält.

Begründete und angekündigte Konsequenzen auf aggressives Verhalten müssen unmittelbar, ohne Ausnahme und weitschweifige Erklärungen erfolgen. Durch konsequentes Handeln erleben Schüler ihre Lehrer als kalkulierbar und verlässlich – dies trifft auf Situationen mit positiver und negativer Rückmeldung zu.

Den in Abbildung 1 (S. 21) illustrierten Teufelskreis findet man natürlich auch in der Schule. Vor allem bei aggressiven Schülern ist die Lehrer-Schüler-Interaktion oft so belastet, dass die positiven Anteile sowohl vom Lehrer als auch vom Kind kaum mehr wahrgenommen werden können. Aus diesem Grund ist es sehr wichtig, dass der Lehrer die positiven Anteile im

Lehrer-Schüler-Kontakt stärker hervorhebt. Lehrer sollten Möglichkeiten zum Einzelgespräch (während der Pause, am Ende der Unterrichtsstunde) nutzen, um gezielt die positiven Verhaltensweisen des Schülers anzusprechen und zu bekräftigen. Für solche Gespräche genügen kurze Gespräche/ Hinweise, die eine Länge von ein oder zwei Minuten haben und problemlos am Ende der Unterrichtsstunde erfolgen können.

Für eine erfolgreiche Arbeit des Lehrers ist ein enger Kontakt mit den Eltern notwendig; dies bedeutet, dass ein regelmäßiger Austausch erforderlich ist, um die auftretenden Probleme besprechen zu können. Da in der Regel die Anforderungen in der Schule einengender gestaltet sind als in der Familie, ist es wahrscheinlich, dass in der Schule mit aggressiven Kindern massivere Probleme auftreten. So ist es leicht denkbar, dass Eltern die Berichte des Lehrers in Frage stellen und ihr Kind – zumindest trifft dies bei Grundschülern häufiger zu – stark vor den vermeintlichen Angriffen des Lehrers in Schutz nehmen wollen. So entsteht schnell eine Rivalität im Sinne der wechselseitigen Schuldzuweisung, die letztlich die Probleme eines Kindes vergrößern wird.

Hat die Schule bereits viele Initiativen mit dem Kind und der Familie unternommen, dann sollte man, bevor man eine Überweisung in eine Schule für Erziehungshilfe (Sonderschule für Erziehungsschwierige) in Erwägung zieht, den Eltern empfehlen, professionelle Hilfe in Anspruch zu nehmen (vgl. den nächsten Abschnitt).

Die Schule ist zweifellos – neben der Familie – der wichtigste, relativ konstante Bezugspunkt für Kinder. In der Schule werden positive, aber auch negative Verhaltensweisen eingeübt; so gesehen ist die Schule auch ein Lernfeld für Aggressivität und Gewalttätigkeit. Verdeutlicht man sich diese Chancen und Risiken der Erziehung im schulischen Umfeld, sollte auf verschiedenen Ebenen Prävention betrieben werden.

Eine Möglichkeit bieten für den schulischen Bereich Programme zur systematischen Verhaltensförderung, die seit Ende der 90er Jahre in Deutschland immer populärer werden. Es handelt sich um sogenannte Sozialtrainings mit Schulklassen; solche Programme werden zum Beispiel für Schulanfänger und in der Grundschule von einer Lehrkraft durchgeführt. Diese Ansätze basieren auf der Überzeugung, dass der Schule zukünftig immer stärker auch die Aufgabe zukommt, Defizite im Sozialverhalten aufzufangen. So dürfte vor allem die Grundschule und Orientierungsstufe mit solchen Aufgaben konfrontiert werden. In beiden Altersgruppen handelt es sich um

sensible Entwicklungsphasen, in denen Schüler ein besonderes Maß an sozialer Orientierung benötigen und in denen gehäuft Verhaltensstörungen zu beobachten sind. In solchen Entwicklungsphasen verändern sich die sozialen Anforderungen, die nur mit bestimmten sozialen Fertigkeiten positiv bewältigt werden können. Konkret müssen neue Verhaltensweisen aufgebaut und positive gefestigt werden. Um aggressivem Verhalten vorbeugen zu können, sind vor allem folgende Ziele wichtig:
– Gefühle angemessen zeigen (Ärger, Freude, Trauer),
– mit Lob umgehen können und andere loben,
– angemessen ablehnen und sich selbst behaupten können,
– Wünsche akzeptabel äußern können,
– mit berechtigter Kritik und
– mit ungerechtfertigter Kritik umgehen können.

Die genannten Ziele lassen sich in einer Lernzielhierarchie ordnen und mit der Schulklasse im Rahmen eines sozial-emotionalen Kompetenztrainings umsetzen. Zur Verhaltensförderung können Rollenspiele, Gruppen- und Frontalunterricht herangezogen werden. Eine Lernzielhierarchie muss so aufgebaut sein, dass zunächst Basisverhaltensweisen (z.B. eine Bitte äußern können, kooperatives Verhalten zeigen) angegangen werden. Sind solche Ziele erreicht, dann sind komplexere zu vertiefen (z.B. angemessen sich selbst behaupten oder mit ungerechtfertigter Kritik angemessen umgehen können). Besonders schwer ist es für aggressive Schüler, sich mit einem „Fehlverhalten" eines Mitschülers oder einer unberechtigten Strafe durch den Lehrer kompetent auseinanderzusetzen.

Solche Förderprogramme umfassen in der Regel 12 bis 26 Unterrichtsstunden (meistens Doppelstunden). Sie können von einer Lehrkraft durchgeführt werden, die sich in den Prinzipien der Kinderverhaltenstherapie und des Sozialtrainings fortgebildet hat. Besonders bewährt hat es sich, wenn der Klassenlehrer das Verhaltenstraining durchführt. Wichtig ist dabei, dass der Klassenlehrer die ersten Verhaltenstrainings unter Supervision umsetzt und ausreichend Lernhilfen zur Verfügung hat. In der Regel liegen zur Durchführung publizierte Arbeitsmaterialien (Manuale) vor, die Sozialverhalten aus dem Schulalltag thematisieren (vgl. Petermann & Petermann, 2007). Die Unterrichtsstunden werden nach erprobten Strukturen und mit entsprechenden didaktischen Vorgaben realisiert. Durch die didaktischen Vorgaben soll die Motivation und Betroffenheit der Schüler gesteigert und der Transfer des Gelernten auf den Alltag erleichtert werden.

12 Fünf hilfreiche Prinzipien für Eltern und Bezugspersonen

Aggressives Verhalten wird durch die soziale Situation, das Verhalten der Interaktionspartner stark geprägt; aus diesem Grund sollte man folgende Prinzipien im Umgang mit aggressiven Kindern beachten:

1 **Achten Sie darauf, welches Vorbild Sie für Ihr Kind sind.** Fragen Sie sich beispielsweise, ob Sie selbst durch provokantes oder strafendes Verhalten ein negatives Vorbild sind. Wie häufig beschimpfen Sie Ihr Kind oder nörgeln es an. Versuchen Sie bitte, diese eigenen ungünstigen Verhaltensweisen zukünftig besser in den Griff zu bekommen.

2 **Helfen Sie Ihrem Kind, Konflikte mit anderen zu lösen.** Manche Kinder und Jugendliche mit aggressivem Verhalten nehmen sehr schnell eine Situation als feindselig wahr und finden keine gute Möglichkeit der Konfliktlösung. Wenn Ihr Kind einen Konflikt mit anderen Kindern hat, dann sprechen Sie mit ihm in einer möglichst ruhigen Situation darüber, wie der Konflikt zustande kam, was seine eigenen Anteile daran sind, welche Lösungsmöglichkeiten es gibt und was die Vor- und Nachteile der einzelnen Lösungen sind.

3 **Helfen Sie Ihrem Kind, bei Konflikten ruhig zu bleiben.** Manchen Kindern und Jugendlichen mit aggressivem Verhalten fällt es schwer, bei einem Konflikt ruhig zu bleiben. Aus diesem Grund sollten Sie mit Ihrem Kind besprechen, was es tun kann, um sich in einem solchen Fall erst einmal zu beruhigen und erst dann zu handeln.

4 **Achten Sie darauf, mit wem Ihr Kind regelmäßigen Kontakt hat.** Jugendliche mit aggressivem Verhalten schließen sich häufig anderen Jugendlichen mit ähnlichen Problemen an. Sie finden in solchen Gruppen die Anerkennung, die sie sonst nicht erhalten. In solchen Gruppen werden Jugendliche jedoch noch zu problematischerem Verhalten angeregt. Aus diesem Grund ist es wichtig, dass Sie einen Überblick darüber haben, mit wem Ihr Kind vor allem zusammen ist. Versuchen Sie Alternativen anzubieten, zum Beispiel Aktivitäten in Sportvereinen oder Freizeitgruppen.

5 **Schützen Sie Ihr Kind bei Regelverstößen nicht vor den Folgen.** Viele Jugendliche übertreten schon einmal wichtige soziale Regeln, zum Beispiel, wenn sie die Schule schwänzen oder in einem Geschäft etwas stehlen. Das ist nicht gleich sehr problematisch, dennoch sollten Sie dafür sorgen, dass Ihr Kind die natürlichen Folgen seines Handelns erfährt. Regeln Sie nicht die Folgen für das Kind. Es ist wichtig, dass Ihr Kind frühzeitig die Konsequenzen seines Handelns trägt und nicht erst dann, wenn es vor Gericht steht.

13 Was können Kinder und Jugendliche tun?

Dieses Kapitel wendet sich an Kinder und Jugendliche ab dem Alter von zehn oder elf Jahren. Dieser Ratgeber informiert über Kinder und Jugendliche, die im Umgang mit anderen häufig „anecken", ihren Ärger schlecht in den Griff bekommen und bei vielen Kindern nicht beliebt sind, da sie ständig das Spiel oder das Zusammensein ihrer Alterskameraden stören.

Kinder und Jugendliche mit aggressivem Verhalten ecken jedoch nicht nur bei Gleichaltrigen an, sondern haben meistens auch Probleme in der Schule und vor allem mit ihren Eltern. Als Jugendliche sind sie manchmal über ihr Schicksal sehr bedrückt, sie sind pessimistisch was ihre Zukunft angeht und denken oft, dass doch alles egal ist und sie sowieso „das Letzte" sind. Solche Jugendlichen haben dann auch keine Lust mehr, sich anzustrengen und verweigern jede Leistung in der Schule oder am Ausbildungsplatz.

Da du dich selbst am besten kennst, kannst du dir – wenn du willst – auch gut helfen. Wir stellen dir aus diesem Grund einige Tipps zusammen, die schon anderen in deiner Lage geholfen haben. Hier unsere Tipps:

Fünf Tipps für Kinder und Jugendliche, die ihre Wut nicht in den Griff bekommen und ständig mit anderen anecken:

1. Verschaffe dir Klarheit über deine Probleme!
2. Bestimme deine Ziele und mache einen Plan!
3. Gehe die Probleme frühzeitig an!
4. Suche dir bei Konflikten neue Lösungen!
5. Übe die neuen Lösungen!

1 **Verschaffe dir Klarheit über deine Probleme!** Überlege dir ganz genau, wo deine Probleme sind. Bleibe nicht bei allgemeinen Aussagen stehen (z.B. der Lehrer mag mich nicht, die anderen sind doof, ich kann mich nicht beherrschen), sondern versuche, jedes einzelne Problem möglichst genau zu beschreiben (z.B. wenn man mich kritisiert, seh' ich rot; die anderen wollen mich nicht mitspielen lassen, dann mach' ich halt das Spiel kaputt; meine Kameraden reden schlecht über mich, das zahl' ich denen dann heim).

2 **Bestimme deine Ziele und mache dir einen Plan!** Wenn du dir klar darüber bist, dass du etwas an deinem Verhalten ändern willst, dann gehe in kleinen Schritten vor – ohne das große Ziel aus den Augen zu verlieren. Wenn du einen Schritt erreicht hast, freue dich darüber und lobe dich dafür oder unternehme etwas Schönes. Manchmal ist es auch hilfreich, wenn du dann mit Familienmitgliedern (deinen Geschwistern und/oder Eltern) etwas unternimmst, was Ihr Euch schon lange vorgenommen habt (z.B. einen Ausflug). Schöne gemeinsame Dinge mit deiner Familie helfen dir auch dabei, manchen Streit und manche Auseinandersetzung zu überwinden. Nehme dir auch schöne Dinge mit deinen Freunden vor (z.B. einen Kinobesuch). Suche dir deine Freunde dafür genau aus. Wenn Ihr in der Gruppe oder du alleine andere ärgert, dann ist das nicht o.k. Geht mit Euren Kameraden so um, wie du dir wünscht, dass deine Freunde/Kameraden mit dir umgehen. Rede mit deinen Freunden, mit denen du die meiste Zeit verbringst, darüber. Bei solchen Gesprächen bist du dann ein Held, wenn du Mut hast und eine eigene Meinung hast – sei kein Mitläufer, der sich zu jeder Verrücktheit verführen lässt oder feige anpasst. Sag' deinen Freunden zum Beispiel, dass ein Zeichen von Stärke ist, wenn man

- Schwächeren hilft,
- einen Streit fair führt,
- großzügig ist und nachgibt (anderen Recht gibt).

3 **Gehe die Probleme frühzeitig an!** Du denkst dir manchmal, dass deine Eltern, Lehrer und Kameraden dir Böses wollen. Die Lehrer trauen dir in der Schule nichts zu; deine Eltern glauben, dass du in der Schule ein Faultier bist und nur Quatsch im Kopf hast. Von deinen Freunden vermutest du, dass sie nur zu dir halten, weil du stärker bist und sie unter Druck setzt. Bei vielen deiner Freunde, so denkst du häufig, musst du immer auf der Hut sein, dass du nicht reingelegt wirst. Wenn du ganz schlecht drauf bist, siehst du überall Feinde, willst dich verteidigen und bist auf „Rache" aus.

Jeder von uns sieht die Welt mit seinen eigenen Augen, aber viele Vermutungen, zum Beispiel, dass andere einem etwas Böses wollen, treffen so nicht zu. Wenn du wütend bist und andere dich ärgern, sieht man die Welt einseitig und fühlt sich angegriffen. Mit solchen Unterstellungen rasselt man schnell in einen Streit. Nicht jeder, der einen kritisiert, ist ein Feind und nicht jeder, der sich wehrt, will einem etwas Böses. Um Probleme frühzeitig in den Griff zu bekommen, prüfe
- wann du andere als Feinde wahrnimmst und ihnen von Anfang an keine Chance gibst, eine Freundschaft zu dir zu entwickeln;
- wann dich Dinge/Personen wütend machen, ohne dass sie dir was getan haben.

4 **Suche dir bei Konflikten neue Lösungen!** Manchmal ist im Leben ein Streit nicht zu vermeiden, wichtig ist dann, wie man mit einem solchen Konflikt umgeht. Es ist zwar im ersten Moment schön, der Sieger in einem Streit zu sein, allerdings muss man damit rechnen, dass der Verlierer einen beim nächsten Mal „reinlegt" oder irgendwie sonst sich eine „Rache" ausdenkt. Auch zwischen Eltern und Kindern sowie Lehrern und Schülern kann es solche Erpresserspiele geben, bei denen aus einem kleinen Streit (z.B. einer Kritik) ein großer Konflikt wird. Bei solchen Konflikten kann man nur das Schlimmste vermeiden, wenn man Tricks anwendet.

Vielen Kindern und Jugendlichen hilft es, sich zu beruhigen, wenn die erste Wut aufkommt. Sich beruhigen ist sehr schwer, da man manchmal gar nicht anders kann als zu „platzen" – manchmal geht „platzen" auch in Ordnung. Besser ist jedoch „starksein und die Nerven bewahren", „an was Schönes denken", „erst bis Fünf zählen, bevor man ausrastet" oder „nachfragen, was den anderen geärgert hat". Solche neuen Lösungen sind schwer umzusetzen, da man nie weiß, ob man mit dieser freundlichen Art „offene Ohren" vorfindet.

5 **Übe die neuen Lösungen!** Neues auszuprobieren ist nie einfach und deine Kameraden, die du schon lange kennst, werden sich wundern und einige werden deine „faire und freundliche Art" vielleicht gar nicht gut finden. Dennoch wirst du langfristig mit deiner neuen Art, auf andere zuzugehen, Erfolge erzielen. Du brauchst dafür viel Mut, um anderen zu zeigen, dass du auch ein freundlicher Typ sein kannst. Du brauchst viele neue Ideen, um die alten Gewohnheiten zu ersetzen. So nach und nach werden sich deine Eltern, Lehrer und Kameraden an deine „neue Art" gewöhnen und du wirst neue Freunde gewinnen. Um dies hinzukriegen, musst du deine „neue Art" einüben, damit du „automatisch" das Neue bei Streit und Wut erinnerst und auch mit Überzeugung machst. Nur Dinge, die man häufig probiert, klappen im Leben gut; dabei ist es normal, dass man manchmal das „Neue" vergisst und die alten, schlechten Gewohnheiten die Oberhand gewinnen. Lass' dich von solchen Rückschlägen nicht entmutigen, sondern bleib' dran und gib nicht auf.

14 Was können Psychotherapeuten tun?

Treten die Probleme Ihres Kindes schon sehr lange auf und haben Sie schon viele ergebnislose Versuche unternommen, das „Problem in den Griff" zu bekommen, dann ist es ratsam, professionelle Hilfe in Anspruch zu nehmen. Ob Sie die Hilfe eines Psychotherapeuten benötigen, können Sie anhand der folgenden vier Kriterien beurteilen:

Psychotherapeutische Hilfe ist sinnvoll, wenn

1. die Verhaltensprobleme Ihres Kindes stark ausgeprägt sind und sie das Zusammenleben in der Familie und Schule erheblich beeinträchtigen.
2. die Probleme Ihres Kindes schon eine lange Zeit bestehen.
3. die Probleme Ihres Kindes in verschiedenen Bereichen auftreten (z. B. zu Hause, in der Schule, mit Freunden in der Freizeit). Ihr Kind hat dadurch erhebliche Schwierigkeiten im Kindergarten oder in der Schule.
4. in der Familie noch andere massive Probleme bestehen (z. B. Partnerprobleme, eine psychische Krankheit eines anderen Familienmitgliedes, wie Alkoholprobleme des Vaters oder eine Depression seitens der Mutter).

Treffen mehrere der Kriterien zu, ist professionelle Hilfe erforderlich. Ein psychotherapeutisches Angebot erfolgt durch Ärzte oder Psychologen, wobei leider nur wenige Psychotherapeuten zur Zeit sich auf die Probleme von Kindern, Jugendlichen und Familien spezialisiert haben. In der Kinder- und Jugendlichenpsychotherapie zahlt die Krankenkasse zwei verschiedene Arten von Psychotherapie: die tiefenpsychologisch fundierte Psychotherapie und Verhaltenstherapie. Bei aggressiven Kindern und Jugendlichen hat sich die Verhaltenstherapie besonders bewährt.

Prinzipiell kann man auf zwei Wegen zu einem psychotherapeutischen Angebot für Kinder und Jugendliche gelangen:
(a) Staatliche Stellen oder freie Träger (in der Regel die Caritas oder Diakonie) bieten kostenfreie Angebote in Beratungsstellen (Erziehungsberatungsstellen) an.
(b) In der Bundesrepublik Deutschland verfügen wir über ein gut ausgebautes Netz von niedergelassenen Psychotherapeuten. Eltern können zusammen mit dem Therapeuten einen Antrag bei der Krankenkasse stellen; sie erhalten – nach einer gewissen Zeit – eine Bewilligung zur Durchführung einer Psychotherapie (z. B. einer Verhaltenstherapie); in

der Regel wird diese Bewilligung bei komplexeren Problemen 25 oder 40 Sitzungen umfassen.

Jeder Psychotherapeut wird, bevor er eine Therapie durchführen kann, mit Ihnen die Ziele und Problemlage detailliert besprechen; Ihr Kind wird zu Beginn psychodiagnostisch untersucht. Die Problemlösung, die mit Ihnen schrittweise erarbeitet wird, kann in wöchentlich stattfindenden Sitzungen mit Ihrem Kind in die Tat umgesetzt werden. Im Regelfall ist Ihre aktive Mitarbeit für den Erfolg einer Kinderpsychotherapie zentral. In manchen Fällen – vor allem bei Vorschulkindern – wird der Therapeut mit Ihnen intensiver arbeiten als mit Ihrem Kind. Der Therapeut wird versuchen, die allgemeinen Prinzipien, die in diesem Ratgeber aufgeführt sind, mit Ihnen und Ihrem Kind gemeinsam auf Ihre Situation anzuwenden. Bei solchen Übungen (= Elterntrainings) lernen Sie in kleinen Schritten, mit Ihrem Kind in konsequenter und grenzsetzender Weise umzugehen. Häufig kann man mit dem neuen (eingeübten) Elternverhalten die Aggression erfolgreich reduzieren.

15 Gibt es noch weitere Hilfen?

Wie schon erwähnt, zeichnet sich aggressives Verhalten dadurch aus, dass es häufig sehr stabil ist und im Kindes- und Jugendalter im Verbund mit weiteren Problemen auftritt (z.B. mit Lernproblemen, risikofreudigem Verhalten im Alltag). Selbstverständlich zeigt das Bemühen von Betroffenen, Pädagogen und Psychotherapeuten Früchte – vor allem wenn ein gut aufeinander abgestimmtes Vorgehen erfolgt. Da die Probleme bereits im Kindergartenalter (als oppositionelles Verhalten) auftreten, ist es nicht unwahrscheinlich, dass man bis ins Jugendalter *mehrmals* professionelle Hilfe aufsuchen muss. Vielfach wird man auch Unterstützung im Bereich der schulischen Leistungen brauchen.

Die vielfältigen Probleme aggressiver Kinder und Jugendlicher machen es jedoch in manchen Fällen erforderlich, auf Angebote der *Kinder- und Jugendhilfe* zurückzugreifen. Die „Jugendhilfe" bietet eine Reihe von Angeboten, die von der Erziehungsberatung, der Tageseinrichtung („Tagesgruppe" einschließlich Hausaufgabenbetreuung), der sozialpädagogischen Familienhilfe bis zur Heimerziehung reichen. Liegen solche Maßnahmen als gruppenpädagogische Angebote vor, dann ist darauf zu achten, dass hierbei nicht ausschließlich aggressive Kinder in einer Gruppe betreut werden. Eine solche einseitige Gruppenzusammensetzung führt zwangsläufig dazu, dass sich aggressive Kinder in ihrem Problemverhalten wechselseitig verstärken und damit die Problematik unweigerlich zunimmt. Im Rahmen solcher Maßnahmen sollte eine ausreichende Anzahl nicht aggressiver Kinder vorhanden ein.

Über die konkreten Möglichkeiten der Kinder- und Jugendhilfe können Sie sich bei Erziehungsberatungsstellen, beim Kinderarzt, Kinder- und Jugendpsychiater oder Klinischen Kinderpsychologen und auch beim Jugendamt direkt informieren.

Literaturhinweise

Döpfner, M., Schürmann, S. & Frölich, J. (2007). *Therapieprogramm für Kinder mit hyperkinetischem und oppositionellem Problemverhalten* (THOP; 4., veränd. Aufl.). Weinheim: Psychologie Verlags Union.

Döpfner, M., Schürmann, S. & Lehmkuhl, G. (2006). *Wackelpeter und Trotzkopf. Hilfen bei hyperkinetischem und oppositionellem Verhalten* (3., veränd. Aufl.). Weinheim: Psychologie Verlags Union.

Petermann, F. & Petermann, U. (2000). *Aggressionsdiagnostik*. Göttingen: Hogrefe.

Petermann, F. & Petermann, U. (2007). *Training mit Jugendlichen* (8., überarb. Aufl.). Göttingen: Hogrefe.

Petermann, F. & Petermann, U. (2008). *Training mit aggressiven Kindern* (12., veränd. Aufl.). Weinheim: Psychologie Verlags Union.

Anhang

Liste für aggressives und aggressiv-dissoziales Verhalten[1]

1. Hat für sein Alter ungewöhnlich häufige oder schwere Wutausbrüche.
2. Wird schnell wütend.
3. Streitet häufig mit Erwachsenen.
4. Widersetzt sich häufig aktiv den Anweisungen oder Regeln von Erwachsenen oder weigert sich, diese zu befolgen.
5. Ärgert andere häufig absichtlich.
6. Schiebt häufig die Schuld für eigene Fehler oder eigenes Fehlverhalten auf andere.
7. Ist leicht reizbar oder lässt sich von anderen leicht ärgern.
8. Ist häufig zornig und ärgert sich schnell.
9. Ist häufig boshaft oder rachsüchtig.
10. Beginnt mit Geschwistern häufig Streit.
11. Beginnt mit anderen Kindern häufig Streit.
12. Bedroht, schikaniert oder schüchtert andere ein.
13. Quält Tiere.
14. Lügt oft, um sich Güter oder Vorteile zu verschaffen oder um Verpflichtungen zu entgehen.
15. Stiehlt heimlich Geld oder Wertgegenstände.
16. Bleibt trotz Verbotes häufig nach Einbruch der Dunkelheit draußen.
17. Schwänzt häufig die Schule.
18. Hat eine Waffe benutzt, die anderen schweren Schaden zufügen kann (z.B. Messer, Schlagstock).
19. War körperlich grausam zu Menschen (z.B. hat jemanden gefesselt oder durch Feuer oder mit einem Messer verletzt).
20. Hat jemanden in dessen Abwesenheit bestohlen (z.B. Überfall, Taschendiebstahl, Erpressung).
21. Hat andere zu sexuellen Aktivitäten gezwungen.
22. Hat vorsätzlich Feuer gelegt, mit der Absicht, schweren Schaden anzurichten.
23. Hat vorsätzlich fremdes Eigentum zerstört (außer durch Feuerlegen).
24. Ist in fremde Wohnungen, Gebäude und Autos eingebrochen.
25. Ist mindestens zweimal über Nacht oder einmal länger als eine Nacht weggelaufen.

[1] in Anlehnung an Döpfner, M. et al. (2008). Diagnostik-System für Psychische Störungen im Kindes- und Jugendalter nach ICD-10 und DSM-IV (DISYPS-2). Bern: Huber.

Manfred Döpfner · Jan Frölich · Tanja Wolff Metternich

Ratgeber ADHS

Informationen für Betroffene, Eltern, Lehrer und Erzieher zu Aufmerksamkeitsdefizit-/Hyperaktivitätsstörungen

(Reihe: »Ratgeber Kinder- und Jugendpsychotherapie«, Band 1)
2., aktualisierte Auflage 2007, 49 Seiten, € 6,95 / sFr. 11,60
ISBN 978-3-8017-2104-6

Der Ratgeber informiert über die Erscheinungsformen, die Ursachen, den Verlauf und die Behandlungsmöglichkeiten von Aufmerksamkeitsdefizit-/Hyperaktivitätsstörungen (ADHS).

Franz Petermann · Petra Warschburger

Ratgeber Übergewicht

Informationen für Betroffene, Eltern, Lehrer und Erzieher

(Reihe: »Ratgeber Kinder- und Jugendpsychotherapie«, Band 10)
2007, 67 Seiten, € 7,95 / sFr. 13,40
ISBN 978-3-8017-1628-8

Der Ratgeber informiert über die Entstehung und die Folgeerscheinungen von Adipositas. Er bietet anhand von anschaulichen Beispielen konkrete Tipps wie man bereits eingeschliffene Ernährungs- und Bewegungsgewohnheiten wirkungsvoll ändern kann.

Klaus Sarimski · Hans-Christoph Steinhausen

Ratgeber Psychische Störungen bei geistiger Behinderung

Informationen für Eltern, Lehrer und Erzieher

(Reihe: »Ratgeber Kinder- und Jugendpsychotherapie«, Band 11)
2008, 50 Seiten, € 7,95 / sFr. 13,40
ISBN 978-3-8017-2013-1

Der Ratgeber gibt zahlreiche Hinweise dazu, wie in der Familie, im Kindergarten und in der Schule mit psychischen Auffälligkeiten umgegangen werden kann. Eine Übersicht mit nützlichen Adressen schließt den Ratgeber ab.

www.hogrefe.de

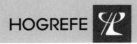